TAROT LUNA SOL

Titre original : *The Luna Sol Tarot*
Publié pour la première fois par Liminal 11.

Traduit de l'anglais par Véronique Dumont.

ISBN : 978-2-7029-1983-5

www.editions-tredaniel.com
info@guytredaniel.fr
www.facebook.com/editions.tredaniel
@le_courrier_du_livre

Kay Medaglia

TAROT LUNA SOL

LE COURRIER DU LIVRE
27, rue des Grands-Augustins
75006 Paris

SOMMAIRE

PRÉFACE

Le tarot regorge de symboles – une couleur, un nombre… quelle est précisément la signification de cette fleur ? Dois-je compter les pétales ? Sentez-vous libre. Comme cette fleur, le symbolisme du tarot se compose de plusieurs strates. Vous pourriez attribuer à chaque carte un mot-clé et l'association serait réalisée ! Vous tirez L'Étoile ? « L'Espoir ». La Mort ? Le « Changement ». Alors pourquoi cette imagerie merveilleuse et ces noms d'archétypes étonnamment abstraits ? Pourquoi pas uniquement une carte portant le mot « Espoir » ? Combien de temps et de dépenses seraient économisés, sans parler des efforts pour se souvenir de ces connexions mystérieuses ! Tout est possible mais, chaque carte détenant une telle profusion de messages, un chapitre plus qu'un mot serait nécessaire pour les transmettre. La lecture laisse place à de multiples interprétations et offre la possibilité d'utiliser et de développer son intuition. Réunies, les cartes racontent une histoire. En séquence ou soigneusement positionnées, leurs illustrations dévoilent un récit – semblable à une bande dessinée – qui peut être lu de différentes manières mais, finalement, seul le lecteur décide de ce qui est vrai. Sans oublier leurs enseignements. Le symbolisme, la numérologie, l'astrologie, l'alchimie… même la Kabbale et, si vous suivez le chemin du Fou à travers ces vingt et une cartes, la croissance spirituelle.

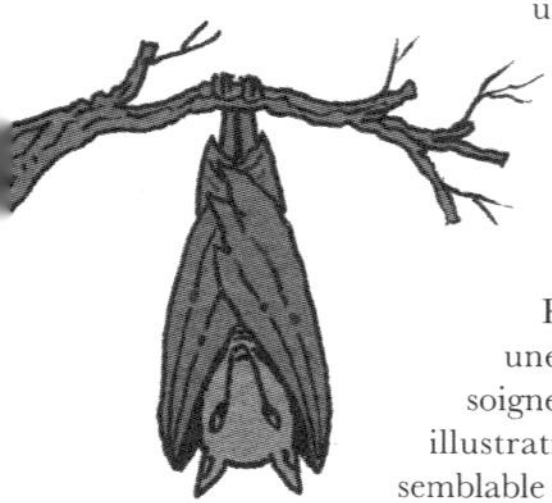

Pourquoi le *Tarot Luna Sol* ? J'admire depuis de nombreuses années le travail de Kay Medaglia. Sa voix et son style artistique sont empreints d'humanité et de directives bienveillantes. Le réconfort quotidien qu'apporte son journal *Une année pour méditer* – à une multitude de personnes, dont moi-même – est une véritable panacée du XXIe siècle. Je pense que nous recevons les tarots – l'outil divinatoire le plus évolutif – dont notre époque a réellement besoin. Voici le *Tarot Luna Sol* !

Puisse-t-il vous guider, vous réconforter et vous dévoiler ses réponses !

Darren Shill
Cofondateur de Liminal 11

INTRODUCTION

Si l'Univers aime converser avec nous, le tarot traduit les messages du ciel dans un langage que nous pouvons appréhender au niveau le plus intuitif.

Il existe une merveilleuse et mystérieuse synchronicité entre les cartes tirées lors d'une lecture et ce qui se passe dans la vie du demandeur. Même si vous ne le croyez pas, le tarot est un outil psychologique capable de vous aider à trouver des réponses dont vous avez peut-être conscience, mais que vous peinez à reconnaître ou accepter. Ses cartes peuvent aussi être le catalyseur qui vous permettra de poser les questions susceptibles de changer votre vie, d'accroître votre ouverture d'esprit et d'être en accord avec vous-même.

Lorsque j'ai créé le *Tarot Luna Sol*, j'avais pour objectif d'exprimer à travers lui l'équilibre, l'âme de mon voyage spirituel. Les rythmes du Soleil et de la Lune, *sol* et *luna*, sont si profondément ancrés dans nos êtres qu'il est facile de comprendre ce que signifie être en vie, appartenir au cycle de ce monde, être simplement humain.

Nous sommes beaux. Nous sommes laids. L'un définit l'autre. Nous sommes petits. Nous sommes grands. L'un mesure l'autre. Nous exprimons l'amour. Nous exprimons la haine. L'un engendre l'autre. L'homme est dualité. Chacun de nous est un soleil et une lune. Ce tarot peut vous aider à découvrir le mystère de l'équilibre de la vie, mais aussi tous les enseignements contenus dans ses 78 cartes.

Dans ce livre, vous trouverez une description de chacune d'elles, plus affûtée pour les vingt-deux premières (les arcanes majeurs), riches de signification. Je vous invite toutefois à les utiliser comme un simple point de départ, un soutien pour faciliter votre réflexion et vous aider à décrypter leur véritable sens. Leurs images offrent la principale source de compréhension. Observez-les. Contemplez-les. Méditez leur message. En elles réside la magie. Elles sont les clés des réponses que vous recherchez.

Que le voyage du fou devienne une aventure épanouissante !

Kay Medaglia
Auteur, artiste et cofondateur
de Liminal 11

COMMENT LIRE LES CARTES

Avant la lecture de nouvelles cartes, il est important de les purifier, au clair de lune, avec de la sauge ou une simple bénédiction. Ce rite permet également de vous connecter à elles. Grâce à ce nettoyage, vous prenez la bonne voie.

À présent, détendez-vous, respirez profondément et concentrez-vous. Quelles sont vos demandes ? Ayez à l'esprit une question clairement définie avant de mélanger les cartes et assurez-vous qu'elle soit bien adaptée au tarot. Par exemple, évitez celles qui induisent un oui ou un non et soyez le plus précis possible.

Tirer les cartes est une action très personnelle. Selon une option, le demandeur (la personne qui pose la question) les mélange, divise le paquet en trois, rassemble les trois tas obtenus dans l'ordre désiré, les mélange à nouveau, puis tire celle du haut. Vous pouvez essayer une autre méthode et choisir celle qui vous convient le mieux !

QUELQUES CONSEILS

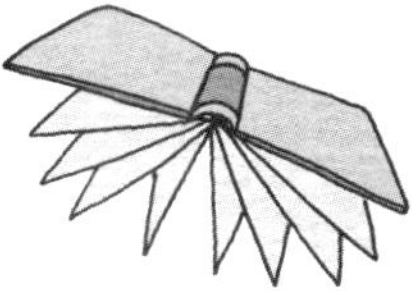

1. Pratiquez, pratiquez, pratiquez ! Commencez par choisir une carte pour le lendemain. À la fin de la journée, réfléchissez à ce qu'elle a signifié pour vous, puis choisissez-en une pour le jour suivant.

2. Lors d'un tirage, étudiez autant les relations entre les cartes que les cartes individuelles.

3. Marquez une pause et installez-vous confortablement avant d'interpréter les cartes. Un tirage est une histoire ; respirez profondément, puis racontez-la.

4. Trouvez un ami qui désire se faire tirer les cartes. Il sera peut-être plus facile de le faire pour les autres que pour vous-même. Pourquoi ne pas effectuer les tirages les uns pour les autres et apprendre ensemble ?

5. Offrez attention et amour à vos cartes – rangez-les, évitez de les faire tomber et de les éparpiller. Cela ne changera probablement pas votre avenir, mais respecter les cartes est la bonne attitude.

6. Tenez un journal.

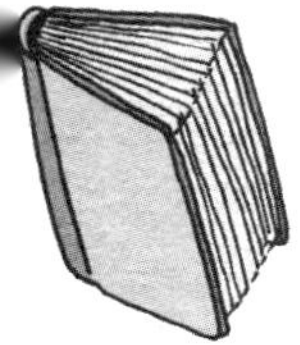

7. Soutenez votre médium local ! Allez voir un professionnel du tarot ; vous pourrez ainsi apprendre un nouveau tirage, une nouvelle manière d'interpréter les cartes ou simplement recevoir une lecture dont vous vous souviendrez.

LES TIRAGES

Un tirage est la manière de disposer les cartes lors d'une lecture. Avant de commencer, définissez clairement le vôtre.

Au fil des prochaines pages, quatre tirages traditionnels vous sont proposés. Aucun n'est particulièrement complexe, à l'exception peut-être de la croix celtique. Sachez que, plus le nombre de cartes est limité, plus le tirage est simple ; la difficulté augmente donc avec leur nombre. Le dernier tirage a été créé exclusivement pour le *Tarot Luna Sol*. Commencez par la lecture à une carte suggérée dans la partie « Comment lire les cartes », puis passez au tirage à quatre cartes positif/négatif (excellent pour entrevoir les aspects lumineux et sombres de toute carte). Si vous avez besoin de conseils supplémentaires à la fin d'une lecture, placez une nouvelle carte sur celle qui nécessite un éclairage.

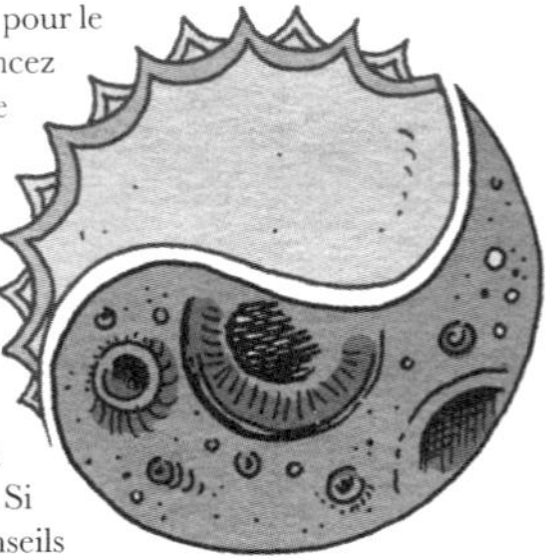

Vous voulez connaître davantage de tirages ? Vous en trouverez chaque jour une multitude en ligne. Et pourquoi ne pas imaginer le vôtre ? Quelqu'un a bien dû créer un jour ceux qui existent… pourquoi pas vous ?

Tirage à quatre cartes

1. Passé
2. Présent
3. Futur
4. Conseil

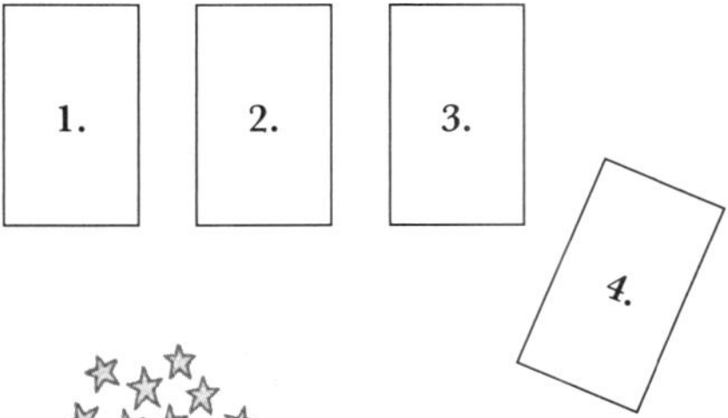

1. Positif
2. Négatif
3. Résultat
4. Conseil

Remarque : la carte conseil est facultative, mais pourquoi laisser le meilleur de côté ?

Tirage de la relation

1. **Demandeur**
2. **Autre personne**
3. **Passé proche**
4. **Futur proche**
5. **Résultat**
6. **Conseil**

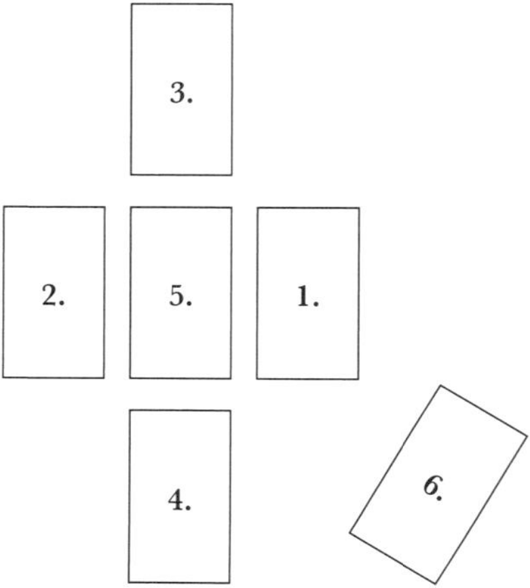

Remarque : lors de la lecture des cartes, ayez une date à l'esprit, car elle est celle du Résultat. Elle ne constitue toutefois qu'un simple point dans le temps, la relation continuant en effet d'évoluer au-delà.

Tirage de la croix celtique

1. Demandeur/Significateur
2. Défi
3. Couronne, influences conscientes
4. Fondation, influences inconscientes
5. Passé
6. Avenir
7. Attitude et état d'esprit
8. Environnement
9. Espoirs et peurs
10. Résultat

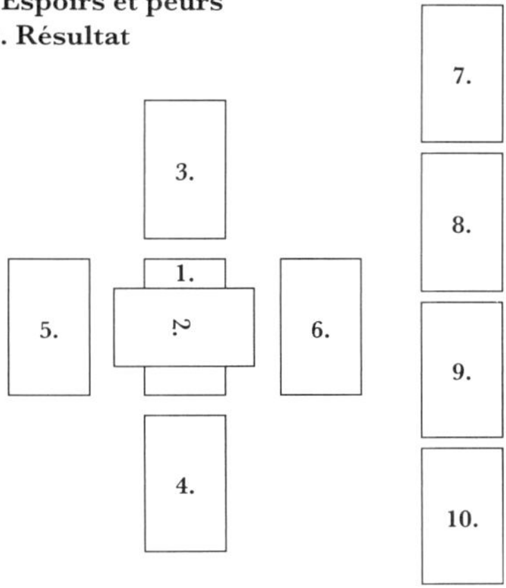

Remarque : vous pouvez sélectionner une carte appelée « Significateur » pour représenter le Demandeur, plutôt que la tirer.

Tirage Luna Sol

Contrairement aux autres tirages, celui-ci ne se tourne pas vers l'avenir mais s'intéresse au présent et offre l'opportunité de réfléchir à votre comportement actuel. Ce tirage ayant été créé pour le *Tarot Luna Sol*, ces informations supplémentaires sont fournies pour décrire la position de chaque carte.

Sol
1. Le Moi intérieur. La façon dont vous discernez votre Moi véritable, que les autres ne partagent pas nécessairement.

2. Le Moi extérieur. La façon dont vous vous présentez et interagissez avec le monde.

3. La santé physique. Le monde de la forme. Le ressenti physique.

Luna
4. Les espoirs cachés. Vos rêves et vos attentes que vous ne pouvez pas explorer consciemment.

5. La plénitude. Ce qui vous soutient émotionnellement.

6. La sagesse. Ce que la vie vous a appris qui peut éclairer votre chemin.

Li Kan

7. L'orientation. Tenez compte de ces conseils bienveillants offerts par votre Moi supérieur. Ils sont une chance qui vous est offerte de vous adresser à vous-même.

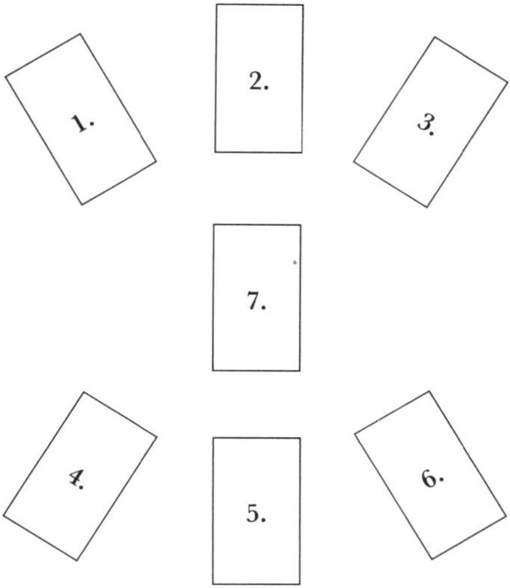

LES ARCANES MAJEURS

Si l'origine du tarot demeure mystérieuse, nous savons que ses premiers exemples sont apparus au XVe siècle, dans le nord de l'Italie, sous le nom de *carte da trionfi* (cartes de triomphe). Puis les arcanes majeurs (ou atouts) évoluèrent, passant de simples cartes à un tarot divinatoire au milieu du XVIIIe siècle à Paris avec la création du Tarot de Marseille – dont le *Tarot Luna Sol* adopte la numérotation.

Les arcanes majeurs sont les vingt-deux cartes allant du Fou au Monde, qui se distinguent des quatre combinaisons appelées arcanes mineurs. Leur récit porteur de lumière représente les forces sises au-delà du quotidien. D'un point de vue élémentaire, elles symbolisent le royaume de l'Esprit.

Le Fou

Le voyage des vingt-deux cartes débute par un simple pas. Le pas de la foi. Le Fou représente l'incertitude dans votre vie, doublée de la conviction instinctive de devoir enclencher le processus. Cette première étape – et toutes celles qui suivent, quel que soit leur axe – doit être franchie. Vous avez une vie et cette vie doit être vécue. Revendiquez votre liberté et votre audace.

N'oubliez pas que vous pouvez compter sur votre instinct autant que sur votre intelligence. Peut-être avez-vous passé plus de temps que vous ne le pensez à vous préparer à cette prochaine aventure. Voyagez léger. Levez les yeux vers les cieux et gardez vos pieds sur terre. Plongez dans la grande inconnue et embrassez votre futur.

« Vous me traitez de fou, ce doit donc être vrai. Mais si je suis fou, alors j'ai connaissance d'une chose que vous ignorez. »

1 Le Magicien

Il est temps de donner votre pleine mesure, même si l'accomplissement demeure modeste et encore inachevé. Vous acquerrez la confiance si vous réalisez que vous disposez déjà de tous les outils nécessaires pour donner vie à vos idées. L'heure de l'action et de l'élan a sonné. Fiez-vous à votre intellect, mais travaillez, créez !

Évitez de miser sur la continuité. Il est possible que vos progrès se transforment en illusion, mais peu importe. Ce que vous faites aujourd'hui n'a nul besoin de perdurer jusqu'au terme de votre projet ou de votre aventure. Vous enclenchez le mouvement par l'action.

« Je sais tout ce qu'il faut savoir ; cela signifie qu'au fond, mes connaissances sont imparfaites. »

2 La Grande Prêtresse

Vous affrontez la vérité dans toute sa gloire subtile, mais peut-être vos yeux ne sont-ils pas encore adaptés pour la voir. Aveuglé par le reflet de votre quête, peut-être n'êtes-vous pas en mesure d'intégrer la leçon. Sachez toutefois que l'équilibre est possible même si vous n'y avez pas encore accès, principalement en raison de votre esprit et de votre cœur.

Votre voyage se poursuit et se poursuivra peut-être encore longtemps, mais si vous avez le pouvoir et l'humilité de découvrir le mystère de la vérité, même furtivement, sa connaissance sera un réconfort pour le restant de vos jours. Essayez de vous souvenir que la dualité est singularité et qu'au-delà du voile se trouve la véritable connexion. L'immobilité et le calme surviennent si vous prenez le temps de réfléchir.

« Chère Mère Lune, j'aurais aimé pouvoir te voir clairement, mais le Soleil radieux s'interpose entre nous. »

3 L'Impératrice

Déesse divine sacrée, matriarche de l'Univers, offre-moi un répit ! Au cours de tout voyage, les premières étapes sont parfois les plus difficiles. Vous avez le droit de vous reposer. Rappelez-vous que la compassion et l'amour sont plus satisfaisants que l'ambition. Pendant plusieurs jours, vous allez avoir besoin de vos forces. Prendre le temps de les recouvrer n'est donc jamais vain.

Asseyez-vous dans le jardin de vos intentions personnelles. Laissez s'écouler votre énergie créatrice et s'accroître votre énergie corporelle, trouvez le réconfort dans vos relations aimantes. Toute votre vie, toute votre ambition, tous vos choix, doivent être accomplis au service de l'amour. Grâce à lui, vous connaîtrez une abondance qui pourra être recueillie pour l'éternité.

« Redressez-moi la tête afin que je me souvienne pourquoi j'avance. Élevez-moi vers le ciel afin que je me souvienne de la stabilité de la terre. »

4 L'Empereur

L'autorité règne. Est-elle protectrice ou inhibitrice ? L'équilibre parfait existe. Concevez un monde sûr et aimant, mais faites preuve de prudence si vous utilisez la violence de votre énergie masculine pour y parvenir. Ce sont les idées qui mettent fin au conflit. La violence est invasive.

Vous pouvez être fort, protecteur. Protéger les personnes vulnérables est votre devoir sacré, vous le gérez parfaitement. Attention à ne pas vous endurcir. Vous pouvez passer votre vie à bâtir la sécurité financière et le confort physique autour de vous et des êtres que vous chérissez, mais cette quête ne constituera jamais une excuse pour fermer votre cœur à l'expérience émotionnelle de la vie.

« Je suis en colère contre les ombres, mais ma peur se dissipe aux premières lueurs de l'aube. »

5 L'Hiérophante

La tradition détient le savoir. Observez les enseignements que vous avez reçus et qui constituent les fondements de votre connaissance. L'heure a sonné d'autoriser une personne plus expérimentée que vous à transmettre la sagesse. Il y a un temps dans la vie pour acquérir des connaissances et un temps pour atteindre la sagesse. Le moment est venu d'acquérir.

L'humilité nécessaire pour recevoir un enseignement est souvent l'ouverture d'esprit requise pour libérer le pouvoir latent, la connaissance et la force qui vibrent en nous depuis toujours. Même un ermitage ne peut se créer seul à partir de rien. Mais sachez qu'un professeur ne contribue qu'à révéler votre objectif ; l'autorité finale, quel que soit le sujet, vous revient, à vous et à vous seul. Accorder un moment à l'enseignement ne constitue pas un grand risque.

« Je possède la page blanche. Vous possédez la plume. Ce que vous découvrez noircira les pages. »

6 Les Amants

Nos choix nous définissent en tant qu'individus, mais nous grandissons grâce au partage. L'amour est la vérité éternelle. Les dieux le savent. Les animaux le savent. Les hommes s'en souviennent souvent, mais l'oublient tout autant. C'est à travers les êtres que nous aimons, devant lesquels nous dénudons notre âme, notre esprit et notre corps, que nous découvrons la vérité sur nous-même, notre lien à la vie grâce à l'amour. Célébrez-le !

Deux âmes ne peuvent devenir une. Mais une âme qui en élève une autre, en l'encourageant ou en faisant preuve de bienveillance, peut lui permettre de se débarrasser de ses feuilles fanées, de retrouver un nouveau souffle, puis de renaître. Qu'il s'agisse de deux âmes de deux personnes différentes ou de deux parties d'un même être, l'union des opposés constitue le canevas de la voie à suivre.

« Je vous tiens par la main et je sais qu'il n'existe pas de plus grande intimité. Merci de partager vos journées avec moi. Se dire adieu sera empreint d'une douce mélancolie. »

7 Le Chariot

C'est un triomphe ! Ou tout du moins, en apparence. Vous vivez au cœur de la réussite, la vôtre ou celle que vous partagez avec d'autres. Cet instant doit être célébré, tout en ayant conscience de la tâche qui reste à accomplir. Celle-ci ne fait peut-être que commencer. Quoiqu'il arrive, soyez heureux. Le travail à venir sera d'autant plus facile à réaliser pour accéder à votre triomphe. Vous détenez le pouvoir, mais n'oubliez jamais d'utiliser la volonté et non la force.

Quel est votre dessein ? Si la question ne doit cesser d'être posée, laissez-la pour l'heure reposer au fond de votre esprit pour la laisser ressurgir et vous dynamiser après les célébrations de votre triomphe. Lors d'une célébration, nous oublions nos différences. Nous marchons sur un chemin d'unité partagé au travers de la joie. Si seulement nous pouvions être unis ainsi chaque jour de notre vie.

« Lorsque je voyage, il m'arrive de lutter. Est-ce moi qui suis immobile alors que le paysage défile ? »

8 La Justice

Au bout du compte, nous devons tous faire nos propres choix. La justice représente l'instant où nous traçons une ligne sur le sable et nous tenons derrière elle. Ce moment critique peut nous paralyser émotionnellement. Si je fais ce choix, ceci peut arriver. Mais si je fais cet autre choix, cela peut arriver. La justice constitue cet espace liminal entre la fatalité et le libre arbitre. Réfléchissez. Recherchez l'équilibre. Analysez. Puis tranchez en sachant que ce choix est le seul que vous auriez pu faire.

L'Univers protège ceux qui choisissent en toute honnêteté, bienveillance, compassion et amour. Pour commencer, il importe d'être honnête envers vos propres intentions, puis de choisir la voie la moins dévastatrice. Peut-être avez-vous le sentiment d'abandonner quelque chose si vous ne choisissez pas l'option la plus profitable immédiatement. Offrez à l'Univers le temps et l'espace nécessaires pour travailler et chaque élément trouvera son équilibre. Même si ce choix est souvent plus complexe, il peut aussi être plus merveilleux et réconfortant que vous ne l'auriez jamais imaginé.

« Je cherche à retenir, comme la main retient l'eau. En détournant mon attention de ma main vide, je réalise que je survis. »

9 L'Ermite

La sagesse ne s'est pas révélée exceptionnelle. Elle est une simple connaissance irradiant la profondeur de notre être. Il est surprenant de voir combien les moments de grande clarté peuvent être simples. Hier, une chose m'emportait dans un tourbillon de pensées et d'angoisses. Aujourd'hui, la même chose me satisfait. Au plus fort de notre cheminement spirituel, nous découvrons que la vie est composée d'instants, le secret étant d'être présent à chacun d'eux.

Qu'avez-vous abandonné dans la quête de vos ambitions ? Qu'avez-vous omis, prisonnier de votre esprit, alors que vous parcouriez les récits de vos vies ? Libérez votre ego. Libérez-vous de cette idée de vous-même. Vous toucherez alors à la vérité, tissu fondamental de l'Univers : toutes les choses ne font qu'une. Prenez le temps d'accéder à cette connaissance qui, sinon, pourrait vous échapper.

« J'avais l'habitude de considérer les montagnes comme des montagnes. Devenu plus sage aujourd'hui, je considère les montagnes comme des montagnes. »

10 La Roue de la Fortune

Le temps a tendance à ne pas se dérouler avec régularité, mais plutôt comme une danse cyclique. Nous semons, cultivons, récoltons, puis nous reposons. Nous rêvons, travaillons, accomplissons, puis rechargeons nos batteries. Nous désirons, quêtons, découvrons, puis nous nous endormons. Nous naissons, grandissons, aimons, puis disparaissons. Alors, tout recommence. La Roue de la Fortune rappelle ce cycle, cette danse et le rôle que vous devez y jouer pour maintenir son équilibre.

Revenez à vous-même. Unissez-vous à votre cœur. Souvenez-vous du flux et du reflux de la vie. Vous laissez-vous emporter par les mille demandes qui vous sont faites ? Ou regardez-vous la roue tourner avec un sourire détaché, sachant qu'au fil de ces changements, vous n'êtes qu'un vaisseau pour l'esprit afin qu'il se délecte des schémas et des mystères de ce monde merveilleux ? Vivez votre vie, votre chanson unique, avec une joie intense, sachant que vous pouvez danser sur la scène de cette planète et vous en réjouir.

« Quand je partirai, que restera-t-il qui évoque mon souvenir ? Les fleurs, le vent et les arbres. Les oiseaux, les nuages et les abeilles. »

11 La Force

Lorsque nous dominons les autres, nous détenons le pouvoir. Lorsque nous nous contrôlons nous-même nous possédons la force. L'arbre inébranlable se brise sous les assauts du vent. La souplesse offre longévité et sagesse. Faites confiance à votre instinct. Croyez en votre force ; cette croyance est semblable au soleil illuminant votre âme. Vous avez travaillé dur pour découvrir l'équilibre de votre moi véritable. Laissez-le rayonner. Libérez-le. Donnez-lui l'espace nécessaire pour s'épanouir et s'enraciner.

La force n'est pas issue de la domination du monde naturel dans le but de dresser des forteresses autour de vous et de vos cœurs. Au contraire, le retour au monde naturel révèle votre nature profonde. Laissez l'herbe vous enraciner. Laissez la Lune et le Soleil vous guider. Laissez l'air vous rafraîchir. Laissez les montagnes vous protéger. Laissez les animaux vous enseigner. Laissez les fleurs vous inspirer. Ancrez-vous dans la puissance globale et connectée de ce monde qui est votre foyer. Sa force est la vôtre.

« Il est beaucoup plus facile de laisser le Soleil se lever lorsque la Lune se couche. »

12 Le Pendu

N'est-il pas étonnant de réaliser qu'il est possible de regarder certaines choses des centaines fois sans les voir réellement ? Nous descendons la même rue chaque jour pendant des mois avant de remarquer cet arbre magnifique. Nous connaissons une personne depuis des années avant de prendre conscience qu'elle a les yeux verts alors que nous les pensions marron ! Lorsqu'il apparaît, le Pendu nous rappelle combien il importe de ne pas simplement regarder, mais de prendre le temps de véritablement voir. Et nous ne pouvons y parvenir qu'en accordant notre attention à ce que nous souhaitons percevoir ou résoudre.

Cette carte vous invite également à observer les choses sous un nouvel angle, de ne pas vous appuyer uniquement sur vos opinions préexistantes, sur les croyances de ceux qui vous entourent ou ce que l'on vous a appris à penser. Le processus pour parvenir à lâcher prise et à éliminer ces parts, profondément ancrées, peut être douloureux. Mais cette souffrance peut aussi se révéler une source de nouvelles perspectives et la perte impliquer un gain.

« C'est la lance qui à la fois vous transperce et vous propulse. »

13 La Mort

Lorsque nous contemplons la nature, nous savons avec une certitude paisible que ses composantes ne meurent pas, mais pénètrent dans la terre où Mère Nature les accueille en son sein afin de les faire renaître sous une nouvelle forme. Cette carte nous rappelle que toute fin implique aussi un commencement.

Quelque chose s'achève dans votre vie. Une chose que vous ne vous sentez peut-être pas encore prêt à abandonner. Trouvez du réconfort dans la nouveauté qui surgit – non pour remplacer l'ancien, mais offrir un rappel, superbe et parfois douloureux, de votre histoire, de vos jours passés. Acceptez la mélancolie. Ne la refoulez pas. Intégrez-la. Et souvenez-vous que, là où la mort frappe, de nouvelles fleurs s'épanouissent. Le printemps renaît au terme de chaque vie.

« "Prends ma main" – dit la Mort – dit le Destin – dit le Temps. "Suis-moi, débarrassons-nous de nos anciennes enveloppes." »

14 La Tempérance

Vous êtes issu de la singularité. N'est-ce pas un miracle ? Vous êtes la preuve que les miracles existent. Le divin s'écoule à travers vous. Il en a toujours été ainsi. Acceptez la limpidité. Acceptez que la lumière soit. Acceptez que la Lune vous guide et que le Soleil vous réchauffe. Enracinez-vous dans la terre. Faites preuve de constance face aux problèmes pratiques. Mais, surtout, ne vous coupez pas du divin. L'Univers vous montre le chemin de la connaissance. Écoutez-le. Suivez-le. Votre lumière guidera les autres et un nouveau miracle se produira.

N'oubliez pas que vous avez des ailes. Peut-être peinent-elles à se déployer sous la pression de la vie. Mais elles existent. Créez l'harmonie dans votre monde extérieur. Travaillez en harmonie avec ceux qui vous entourent. Suivez le chemin du milieu. Offrez à votre esprit l'espace dont il a besoin pour voler librement. Quel miracle, quelle bénédiction pour le monde !

« Comment est-ce arrivé ? Comment la bonté bienveillante qui vous entoure m'est-elle revenue ? »

15 Le Diable

Certaines douceurs soignent l'âme. Avec le Diable, la douceur laisse un arrière-goût amer. Vous débarrassez-vous de cette âcreté en continuant à vous nourrir des raisins des vignes du diable, ou vous abstenez-vous jusqu'à ce que la tentation n'ait plus d'emprise sur vous ? Il est courant d'être prisonnier de ses propres désirs. Ils nous lient et nous immobilisent jusqu'à ce que nous ne puissions plus respirer sous la pression.

L'apparition du Diable signifie que quelque chose dans votre vie vous freine. Allez-vous succomber au désir ou vous en libérer ? Nous possédons tous une force simple et tranquille capable de briser l'illusion du désir. Lorsque nous choisissons de nous appuyer sur la force, l'emprise du Diable se relâche et à chaque pas, nous nous sentons plus libres.

« Il me possédait, je le jure, il me tenait serré dans sa poigne de fer. Puis, lorsque j'ai tenté de me libérer, sa prise s'est relâchée et je jure que je l'ai vu sourire. »

16 La Tour

L'Univers se brise en mille morceaux autour de vous. Les cieux s'ouvrent et engloutissent le monde que vous connaissiez. Pourquoi survivez-vous ? Pourquoi êtes-vous intact alors que vous avez le sentiment d'avoir été broyé ? Pourquoi êtes-vous libre ? La Tour implique une fin. Les structures qui stabilisent votre vie s'adaptent et tremblent sous vos pieds. Mais n'ayez aucune crainte, dans cette vie, les plus grandes fins mènent aux plus belles métamorphoses.

En cette période de changement, faites tout ce qui est en votre pouvoir pour renoncer à ce qui disparaît et embrasser la nouveauté issue de l'ancien. Ce changement n'est pas toujours négatif et extérieur. Nos mondes peuvent voler en éclats sur un éclair d'inspiration, par une seule pensée qui modifie fondamentalement nos perceptions. Un flot d'énergie coule en vous. Cédez-y et voyez où cette énergie vous mène.

« Les structures étaient si solides. Les concepts étaient si solides. Désormais, tout n'est plus que poussière. »

17 L'Étoile

Vous vivez un répit. Une douce accalmie pour vous émerveiller du miracle d'être vivant. Il faut une grande énergie, souvent violente, pour créer quelque chose à partir du néant. Mais lorsque cette énergie s'équilibre, la sérénité nous éloigne de notre état purement terrestre et nous rappelle que nous sommes des êtres spirituels en visite sur Terre. Rêvez, désirez et soyez inspiré.

Dans les cieux, les étoiles sont vos frères et vos sœurs. Leur lumière inonde chaque créature vivante. Vous êtes une étoile. Votre aura illumine le monde. Vous êtes un guide, un don, et chacune de vos interactions, une opportunité pour faire briller la lumière dans le monde d'un autre être. Mais tout d'abord, vous devez découvrir et reconnaître votre propre lumière, celle qui brille en chacun de nous. Ainsi, vous ajouterez une nouvelle étoile dans le ciel et intensifierez l'embrasement qui perce l'obscurité.

« Se pourrait-il qu'il fasse si sombre qu'aucune étoile ne perce le regard las et larmoyant ? Ajustez votre vision et regardez à nouveau. Ajustez votre vision et reflétez l'illumination. »

18 La Lune

Finalement, le plus grand voyage de la vie est intérieur. La Lune vous invite à accorder plus d'attention à cette croissance intérieure. Alors que nous évoluons à partir de notre simple Moi, le monde et la vie nous transforment en être complexe. Souvent trop ! Laissez la Lune vous guider vers la simplicité pure de l'esprit qui peut sembler illusoire ou hors de portée. Suivez-la là où elle vous emmène. Les ruelles sombres de nos esprits révèlent souvent ce qui nous retient. Voyagez à travers elles.

Mais d'où provient la lumière de la Lune ? Elle est le grand miroir du ciel. De la même manière qu'elle reflète la lumière, soyez le reflet du monde. Si la joie est au rendez-vous, saisissez-la. Si la tristesse s'impose, ressentez-la. Si l'injustice éclate, dressez-vous pour la combattre. Si l'amour se présente, acceptez-le avec joie. Vivez l'instant présent et vous connaîtrez le sens réel de l'existence. Puis, lorsque le Soleil s'évanouit, que les émotions s'enfuient, laissez-les s'éloigner. Revenez dans les ténèbres mystérieuses et sacrées de votre être intérieur.

« Un jour, la Lune m'a dit d'être patient et que, même brillamment éclairée, la moitié de mon être restera dans l'obscurité. »

19 Le Soleil

Il y a tant de joie et de douceur. Des moments existent dans cette vie où il est possible d'être simplement heureux. Si cette carte apparaît, peut-être vivez-vous l'une de ces heures ou êtes-vous sur le point d'en vivre une. Mais le bonheur peut se dissimuler derrière des expériences ou des relations négligées ou sous-estimées. Le moment est venu de marquer une pause et de chercher la source de lumière dans votre vie. Si vous la trouvez, réjouissez-vous ! Ces heures sont aussi belles qu'éphémères.

Les structures ont été érigées et sécurisées. Les graines ont pris racine et se sont épanouies. L'amour, la famille, l'amitié et la paix ont jailli de derrière les nuages et illuminé votre vie. Réjouissez-vous, même si ce répit est temporaire dans l'océan instable du temps. Lorsque la joie apparaît, savourez-la.

« Cher Soleil, tes rayons caressent ma peau. Ta chaleur fait fondre la glace qui s'est formée autour des parties les plus intimes de mon être. Il est si délicieux de fondre. »

20 Le Jugement

Le Jugement marque l'amorce d'un nouveau cycle. Il est le point culminant de votre voyage. L'heure de la renaissance. Celle où vous vous élevez au-dessus de votre situation actuelle et récoltez les fruits de votre vie passée à la quête de votre moi supérieur. En atteignant ce plan de l'existence, la vérité vous frappe : vous êtes encore profondément connecté à tous les plans de l'être. Votre esprit s'illumine. Il est encore trouble. Il s'élève. Il se débat encore. Vous êtes un être spirituel, un être humain. Le combat n'a jamais été que lumière tout au long du chemin mais vos yeux n'étaient pas suffisamment ouverts pour que vous le discerniez.

L'illumination n'implique pas que le monde change ni que vous ne pouvez plus vous reconnaître dans le miroir. L'éveil est une transformation subtile de votre conscience. Une appréhension profonde de la dualité de la vie et de la mort. Le Soleil et la Lune continuent de tourner et vous vous trouvez dans l'espace liminal qui les sépare. Vous n'avez plus besoin de vous engager dans l'obscurité ou la lumière. Vous pouvez vous asseoir et observer. Souriez et riez de bon cœur.

« Ce n'est que cela ? C'est si peu.
Je m'incline et contemple les étoiles.
Et si cela a toujours existé, où étais-je ? »

21 Le Monde

Vous n'êtes plus égaré. Vous avez accompli votre voyage et progressé vers un être qui n'est autre que vous-même. Un être qui embrasse le monde entier. En équilibrant la lumière et l'obscurité qui sont en vous, les hauts, les bas et les atermoiements de votre vie extérieure, vous avez trouvé le véritable équilibre et atteint l'accomplissement. La clé est que tout équilibre est fondé sur l'amour. N'est-ce pas la simplicité même ? Offrez l'amour et le monde se réjouira de son cœur guéri. Recevez l'amour et vous vous réjouirez alors que votre cœur guérit.

Que se passe-t-il si cette carte radieuse et stimulante sort à un moment de votre vie ou du tirage qui semble négatif ? Le Monde évoque les moments de clarté pure. Peu importe que les choses soient difficiles, il existe toujours des instants de paix et de parfait équilibre, des instants d'harmonie, lorsque vous regardez le monde qui vous entoure, les oiseaux, la brise, les arbres, les fleurs qui frémissent et s'épanouissent. Vous êtes un citoyen du monde. Son histoire est votre histoire..

« Je préfère être fou amoureux de ce monde que de toute autre chose. »

LES ARCANES MINEURS

Les arcanes mineurs sont composés de quatre combinaisons de cartes associées ; chacune à un élément interagissant avec les thèmes qui lui sont liés.

LES BÂTONS : Le feu. La créativité et la conception. L'application de la volonté.

LES COUPES : L'eau. Le monde des émotions et des relations.

LES ÉPÉES : L'air. Le royaume de la pensée et de l'esprit.

LES DENIERS : La terre. Le concret, le domaine professionnel, les aspects financiers, mais aussi la maison et la santé physique.

Comme dans un tarot normal, chaque combinaison comprend dix cartes (de l'As au 10, connus sous le nom de « pépins »), suivies des figures appelées « cartes de Cour » : le Valet, le Cavalier, le Roi et la Reine. L'apparition d'un pépin dans une lecture correspond généralement à une question que vous maîtrisez. Une carte de Cour peut symboliser l'influence d'une personne ou signifier que vous présentez des caractéristiques similaires à cette carte.

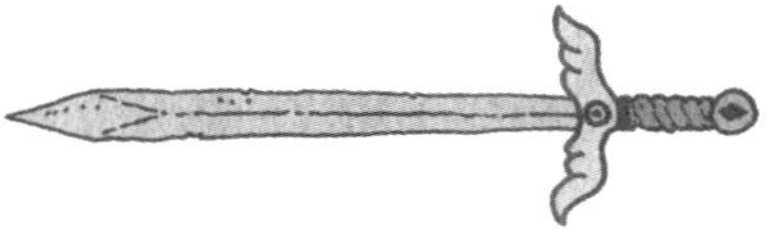

Les Bâtons

AS : Des graines sont plantées. Un nouveau départ s'amorce. Cette nouvelle entreprise exige énergie et concentration, mais l'Univers sait que vous possédez tous les outils pour la mener à bien. Quel est votre projet ? Franchissez le pas.

DEUX : La richesse vous entoure et sera plus abondante encore dans le futur si vous suivez le chemin que vous avez tracé ou qui a été tracé pour vous. Soyez certain de vos choix ou de ceux que vous avez encore à faire.

TROIS : Des bases ont été posées et vous offrent une perspective plus précise de ce que vous tentez d'accomplir. Observez l'horizon dans l'espoir de planifier les résultats futurs.

QUATRE : Célébrez les bons moments ! Cette carte représente la stabilité et les fondations qui offrent ou mènent à la richesse, la sécurité ou le confort, pour vous et vos proches. Réjouissez-vous du bien-être que vous avez acquis.

CINQ : Dans chaque domaine de la vie, il existe des tensions et des différends. Nous souffrons profondément d'insécurité. Cette carte révèle une situation difficile qui peut soit vous contrarier, soit vous donner les moyens d'avancer. Comment allez-vous réagir ?

SIX : Victoire ! Vos tentatives sont couronnées de succès. Allez de l'avant en toute confiance, conscient de pouvoir désormais récolter les fruits de votre dur labeur. Vous avez surmonté les épreuves. Il est temps de célébrer votre victoire.

SEPT : Vous êtes fort et puissant. Vous le savez au plus profond de votre être. Cette carte indique que le pouvoir vous donnera le courage de défendre votre position et de protéger ce qui est sacré pour vous. Croyez en cette audace et soyez forts.

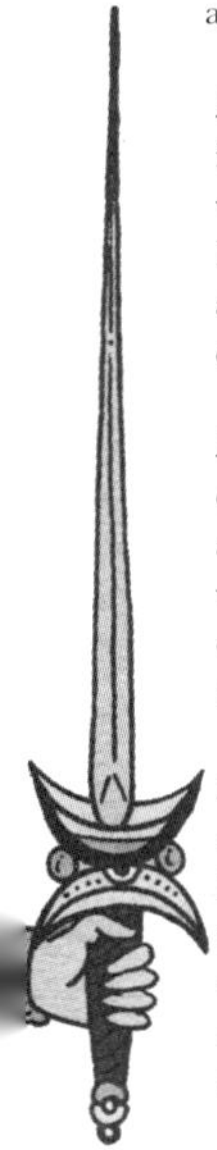

HUIT : La situation évolue. Alors que vous insufflez un élan dans différents domaines de votre vie, vous prenez des mesures importantes. Les choses progressent rapidement – quoi qu'il arrive, elles devront se réaliser – et la réussite est quasi assurée.

NEUF : Vous avez travaillé dur, en dépit des obstacles, pour obtenir ce qui vous appartient aujourd'hui. C'est le moment de défendre votre territoire et de vous remettre de vos efforts. Toutefois, il est sage de ne pas abaisser totalement la garde.

DIX : En assumant de nouvelles activités et responsabilités, vous ressentez une grande force. Mais vous n'êtes pas contraint d'accomplir cette tâche seul. L'énergie puissante que vous ressentez peut être utilisée pour inciter les autres à vous aider à assumer la charge de vos nouveaux objectifs.

VALET : Cette carte très positive indique que de nouvelles informations sont à votre disposition et pourraient modifier le cours des choses. Que ce soit une personne (probablement un parent ou un ami), un outil ou une technique, ce nouvel élément va faire évoluer la situation vers une issue positive.

CAVALIER : Messager de bonnes nouvelles, il annonce un succès ou la réalisation d'un projet pour lequel vous avez travaillé dur. Sa confiance intrépide est adaptée à la situation et votre position actuelle.

ROI : Vous avez autour de vous une personne nantie ou dotée d'un statut important. N'ayez pas peur de vous appuyer sur elle et d'utiliser son soutien. Il est dans sa nature d'encourager et le soutien financier est son langage d'amour. Autorisez-la à vous aimer.

REINE : Une personne socialement importante se présente. Tenez compte de ses conseils. Elle souhaite que vos interactions avec les autres soient couronnées de succès et est aussi investie que vous dans l'accomplissement de votre objectif. Faites-lui part de vos projets.

Les Coupes

AS : Une nouvelle relation est apparue dans votre vie. Vous pouvez puiser l'amour en elle. Accueillez cet amour. Cette personne peut être un ami, un partenaire ou un nouveau membre de votre famille. Ces émotions inédites sont saines et essentielles à votre bien-être.

DEUX : Une nouvelle relation harmonieuse s'amorce. Cette carte symbolise l'instant magique d'un amour naissant. Cette union mènera à un équilibre qui vous aidera à grandir en tant qu'individu. En embrassant l'amour d'autrui, vous éprouverez pour vous-même un amour plus profond.

TROIS : L'heure de la célébration a sonné. Un évènement merveilleux est en marche, comme vous l'aviez prévu, et il est temps de vous réjouir de votre victoire. Rendez hommage à tous ceux autour de vous qui l'ont rendue possible. Votre victoire est aussi la leur.

QUATRE : Vous vivez ce qui peut ressembler à une crise, une période au cours de laquelle vous refusez d'affronter le monde. Mais ce moment peut être essentiel pour recharger vos batteries et vous renouveler. Le monde extérieur vous recevra dans sa lumière lorsque vous serez prêt.

CINQ : Nos souvenirs peuvent nous hanter de nombreuses années. Peut-être vous attardez-vous sur des évènements passés au point de ne pas discerner les nouvelles opportunités qui surgissent. La forêt a beaucoup à offrir si vous parvenez à trouver votre chemin à travers les arbres.

SIX : Les moments heureux de votre passé ressurgissent pour vous rappeler la douce innocence d'autrefois. Accueillez ces pensées et utilisez votre situation actuelle pour revenir à cet état d'évolution et de positivité.

SEPT : De nombreuses options s'offrent à vous et vous pouvez vous sentir accablé. Essayez de maintenir le cap et l'équilibre. Considérez chaque option et ne craignez pas de vous fier à votre instinct. Distinguez la réalité du rêve.

HUIT : Vous avez essayé de construire les choses de manière stable, mais cela n'a pas fonctionné. Il est temps de tourner la page. Il ne s'agit pas d'un abandon mais d'une évolution inéluctable. Qui sait ce qui vous attend à l'horizon ?

NEUF : Cette carte symbolise exclusivement le bonheur et la joie. Vous avez gagné. Vous avez atteint votre objectif. Vos souhaits se sont réalisés. Vous vivez un moment de joie stable et réelle. Tout est équilibré et harmonieux.

DIX : Tous vos souhaits se sont réalisés ou se réaliseront. Vos relations sont solides. Votre communauté est bienveillante et stimulante. Vos exigences physiques et votre confort ont été satisfaits. Votre bonheur domestique est réel. L'amour vit son heure de gloire dans votre vie.

VALET *:* L'amour vibre autour de vous. Le Valet des Coupes est le signe d'un amour imminent ou qui existe déjà, qu'il s'agisse d'une nouvelle relation, de l'annonce d'un mariage ou de toute information concernant la transmission de cette forme d'amour inédite qui irradie la joie et l'innocence juvéniles.

CAVALIER *:* L'illusion est associée à une forme d'amour. Autour de vous, une personne peut être déloyale, vous abuser ou être simplement amoureuse de l'amour lui-même. Peut-être cette carte indique-t-elle aussi un amour exprimé mais non ressenti.

ROI *:* Une personne à l'énergie masculine s'impose dans votre vie. Elle peut remplir le rôle d'un père ou d'un partenaire mature. Elle est bienveillante, douce et aimable. Sa patience est une qualité rare. Vous vivez une relation avec elle.

REINE : Une personne dotée d'une énergie féminine forte et confiante existe dans votre entourage. En phase avec le côté intuitif, psychique et créatif de la vie, elle est forte mais aussi bienveillante. Vous autoriser à faire partie de son monde enrichira votre vie.

AS : Grâce aux efforts de votre énergie mentale et de votre volonté, une nouvelle porte s'ouvre. Cette période de progrès et d'élan est formidablement enrichissante.

DEUX : La situation stagne et perd de son acuité. L'élan semble impossible. Un travail acharné et une nouvelle façon de penser sont nécessaires pour découvrir comment progresser. Il peut être difficile de trouver l'énergie et l'impulsion pour y parvenir, car cette période est également synonyme de paix.

TROIS : Il indique une division. Une rupture. Une perte. Une douleur. La déliquescence de quelque chose de spécial et qui vous tient à cœur. Ce quelque chose s'achève et la douleur est accablante. Mais la déflagration a eu lieu et les morceaux doivent retomber sur terre.

QUATRE : L'heure est venue de marquer une pause. Trouvez un moment de répit dans l'océan de douleur et les moments difficiles que vous traversez. Renoncez à votre agressivité et prenez soin de vous. Vous découvrirez peut-être que les choses ne sont pas aussi sombres qu'elles le paraissent si vous vous concentrez sur vous-même et sur ce dont vous avez besoin pour grandir.

CINQ : Le succès obtenu grâce à la violence et l'agression ne met jamais fin au conflit. Vous pouvez avoir l'impression d'avoir remporté une bataille, mais le coût risque d'être plus élevé que vous ne l'imaginez. Vos acquis peuvent vous être retirés.

SIX : Les temps difficiles s'éloignent. Grâce à votre équilibre, votre stabilité et votre confiance en vous, votre vie prend désormais le chemin de la croissance et de la beauté. Tout ce dont vous avez besoin vous attend à la fin du voyage.

SEPT : Vous avez beaucoup acquis. Vous avez beaucoup accompli. Il y a plus à obtenir mais tenter de l'acquérir risque de vous faire perdre plus que vous ne gagnerez. Ne soyez pas aveuglé par l'illusion que « plus est mieux ». La déconvenue peut devenir votre alliée.

HUIT : Il se peut que des sentiments de malheur extrême vous accablent. Vous avez le sentiment d'être prisonnier de votre esprit mais vous être plus libre que vous ne l'imaginez. Avez-vous tendance à vous attacher aux idées plutôt qu'à observer la réalité qui vous entoure ?

NEUF : Vos pensées et vos cauchemars sont profondément ancrés dans votre pouvoir conscient et inconscient. Des sentiments de désespoir, d'anxiété et de terreur s'immiscent en vous. Il est difficile de s'accrocher à ces sentiments semblables à un cauchemar à la lumière du jour.

DIX : La peur et l'effroi vous ont submergé. Elles ont déchiré votre cœur mais ne peuvent pas vous dévaster davantage. Cette carte indique une situation indéniablement complexe, mais dont l'issue potentielle commence à prendre forme.

VALET : Il symbolise un jeune idéaliste, parfois naïf, dont la passion contagieuse permet l'évolution. Sa passion semblable à un tourbillon se répand à travers le monde et modifie la donne – souvent pour le mieux – partout où elle se propage.

CAVALIER : L'agressivité et l'attitude combative prévalent ! Le Cavalier indique qu'une personne – peut-être vous-même – est constamment sur la défensive ou qu'un conflit généralisé est sur le point d'éclater et de prendre sa propre vie. Soyez prudent et déterminez sa source.

ROI : Une personne d'une grande autorité règne. Cette autorité ne résulte pas de son agressivité mais a été acquise grâce à son ascendant, à la justesse de son jugement et sa capacité d'équilibrer les situations complexes. L'écouter vous sera bénéfique.

REINE : Ardente de la plus merveilleuse manière, la Reine des Épées désigne une personne brillante, créative et intuitive qui stimule l'énergie de ceux qu'elle côtoie. Passez le plus de temps possible à ses côtés.

NEUF : Vous vivez une période de réussite et de grande sécurité financière. Vous avez rassemblé vos ressources, ce qui vous a permis de constituer une base solide. L'énergie que vous avez dépensée vous est revenue et la richesse abonde ou abondera bientôt.

DIX : Cette carte symbolise la maison. Votre foyer. Votre cœur. Les fondations sur lesquelles vivent et prospèrent ceux que vous aimez. Vous avez joué un grand rôle pour définir et maintenir cet objectif, et vos proches connaissent grâce à vous le confort et la joie. Tout est pour le mieux. Réjouissez-vous.

VALET : Solidement enracinée dans la terre et pragmatique à bien des égards, la personne que vous indique cette carte garde la tête haute et nourrit de grandes ambitions. Elle sait comment les réaliser et les graines qu'elle sème prendront racine.

CAVALIER : Une voie s'ouvre à vous et ce porteur de nouvelles sur vos ambitions professionnelles connaît la marche à suivre. Demandez toutefois si sa suggestion peut être réalisée de manière plus immédiate.

ROI : Cette carte indique une personne dotée d'une expérience solide et fiable dans le monde des finances et du commerce. Écoutez ce qu'elle a à vous dire, sachant qu'elle vient d'un lieu empreint de

bienveillance. Son énergie est nourricière et elle a le réel désir de vous voir réussir. Faites confiance à la justesse de son jugement et à sa capacité d'équilibrer les situations complexes. L'écouter vous sera bénéfique.

REINE : Succès et croissance au-delà de vos rêves sont au rendez-vous et une personne peut vous aider à les atteindre. Sans parler de son soutien et de sa capacité à vous guérir. Cette personne extrêmement compétente sait aussi ce que signifie l'épanouissement. Elle est un cadeau. Acceptez-le.

L'entre-deux noir et blanc n'est pas gris.
Il inclut toutes les couleurs du monde.

CINQ : La situation vous échappe financièrement. Votre richesse est devenue trop pesante et ce fardeau menace de vous briser. Des temps difficiles se profilent à l'horizon. Si vous connaissez un lieu où vous mettre à l'abri et en sécurité, rejoignez-le et tenez-vous prêt.

SIX : Le succès financier est à votre portée. Vous êtes équilibré et vous réussissez. Cette période est celle de la prospérité et de la joie. Vous constaterez que répandre cette richesse et accroître la sécurité et la joie des autres est la meilleure façon d'apprécier la stabilité de votre position.

SEPT : Il est temps de récolter ce que vous avez semé. Votre travail acharné, vos attentions et votre dévouement payent enfin. Vous pouvez en recueillir les fruits et constater que cette récolte nourrissante et bénéfique sur le plan financier est un véritable enchantement : l'émanation de l'amour.

HUIT : Vos compétences se sont incroyablement accrues. Vous êtes devenu un véritable artisan car vous avez consacré consciemment du temps à votre passion et vous êtes concentré sur elle. Cela vous a demandé un travail intense, mais également empreint d'amour, et les récompenses qui en découlent vous sont clairement adressées.

AS : Une nouvelle entreprise s'amorce et cette carte indique sa réussite inéluctable. Si le résultat est défini, les mesures à prendre pour l'atteindre ne le sont pas encore. Soyez certains que vous pourrez aller là où vous souhaitez vous rendre.

DEUX : Cette carte positive révèle que vous devrez peut-être concilier et équilibrer de multiples facteurs lors de vos opérations financières. Toutefois, cet équilibre est naturel. Considérez dès lors vos efforts comme une activité plaisante plutôt qu'oppressante.

TROIS : Les compétences que vous avez acquises au prix d'un travail acharné commencent à payer et les personnes qui vous entourent en prennent désormais conscience. Vous avez maintenant la possibilité de transformer votre passion en une source de revenus durable. Ne sous-estimez pas votre talent.

QUATRE : Vous accrocher aux choses que vous avez accomplies par peur de les perdre peut vous empêcher de saisir de nouvelles opportunités. Si vous trouvez le courage de renoncer à ce qui vous pèse, vous ouvrirez la voie à une croissance nouvelle et excitante.